中國書店藏珍貴古籍叢刊

古文苑

宋・章樵 注

中國書店

據中國書店藏明成化十八年刻本影印原書版框高二十點五厘米寬十五厘米

古文苑序

古文苑者唐人所編史傳所不載文選所不録之文也歌詩賦頌書狀箴銘碑記雜文爲體二十有一爲編二百六十有四附入者七始於周宣石鼓文終於齊永明之倡和上下一千三百年間世道之升降風俗之醇漓政治之得失人才之高下於此而槩見之可謂萃衆作之英華擅文人之巨偉也至别而觀之如岐陽蒐狩寔肇中興之美勒石紀功詞章渾厚足以補詩雅之遺佚泗水碑銘鋪揚興王之盛叙功攷德表裏名實足以續闕散之芳烈楊子雲倣虞作箴官箴王闕所以輔正心術警戒幾微殆與聖賢盤盂几杖之銘爭光千古有國家者宜保之以爲龜鑑所謂傑然詩書之後詎容徒以文章論哉世代喻邈遺文彫耗若昔賢所欲興致太學以助講切之真蹟今既不可復得而浮磬之刻蔚宗之注與隋唐藝文目録所載諸家文集亦淪落十九莫可尋訪千載而下學者得以想像細繹古人述作之懿者猶幸佛書龕中之一編復出於人間而其中句讀聱牙字畫奇古未有

音釋加以傳録舛訛讀者病之有聽古樂恐臥之嘆樵學製吳門竊簿書期會之暇續以燈火餘工玩味參訂或裒斷簡以足其文或較別集以證其誤推原文意研覈事實爲之訓注其有首尾殘缺義理不屬者姑存舊編以俟攷復取漢晉間文史冊之所遺以補其數凡若干篇釐爲二十卷將質諸博洽君子以求是正焉紹定壬辰七月望日朝奉郎知平江府吳縣事武林章樵升道序

古文苑目錄

第一卷

周宣王石皷文
秦惠文王詛楚文
秦始皇嶧山刻石文

第二卷

宋玉賦六首
笛賦　大言賦
小言賦　諷賦
釣賦　舞賦

第三卷

漢臣賦十二首
賈誼旱雲賦
董仲舒士不遇賦
枚乘梁王菟園賦　忘憂館柳賦
路喬如鶴賦
公孫乘月賦
羊勝屏風賦
劉安屏風賦
中山王文木賦

司馬相如美人賦

班婕妤擣素賦

曹大家鍼縷賦

第四卷

楊雄賦三首

太玄賦　逐貧賦　蜀都賦

第五卷

漢臣賦九首

劉歆遂初賦

杜篤首陽山賦

班固終南山賦　竹扇賦

馬融圍碁賦

張衡髑髏賦　冢賦

温泉賦　觀舞賦

第六卷

漢臣賦六首

黄香九宫賦

李尤函谷關賦

崔寔大赦賦

王延壽夢賦　王孫賦

張超誚青衣賦

第七卷

賦十一首

蔡邕漢津賦　筆賦

彈碁賦　短人賦

王粲浮淮賦　羽獵賦　柳賦

陸機思親賦

左思白髮賦

庾信枯木賦

謝朓遊後園賦

第八卷

歌曲

漢昭帝黃鵠歌　淋池歌

漢靈帝招商歌

漢武帝落葉哀蟬曲

詩

柏梁詩

諸葛亮梁父吟

李陵録別詩八首

蘇武荅詩二首

孔融臨終詩　離合作郡姓名字詩

六言詩三首　雜詩二首

秦嘉述婚詩

王粲思親爲潘文則作

曹植元會詩

閭丘冲三月三日應詔詩

裴秀大蜡詩

王粲雜詩四首　七哀詩

晉程曉嘲熱客

第九卷

齊梁詩四十五篇

王融侍遊方山應詔　遊僊詩五首

奉和南海王詠秋胡妻七首

棲玄寺聽講畢遊邸園

別蕭諮議四首　任昉　王延　宗史　王融

蕭諮議衍荅

蕭記室琛應教

王融和王友德元古意二首

餞謝文學六首　沈約　虞炎　范雲　王融　蕭琛　劉繪

謝文學荅詩

王融寒晚敬和何徵君點
別王丞僧孺
范雲學古貽王中書
王融雜體報范通直
沈右率座賦三物爲詠 三首 謝朓 沈約 王融
王融奉和月下 秋夜月
四色詠 兩頭纖纖
代徐 二首 詠梧桐
池上梨花
劉繪和池上梨花

阻雪連句遙贈和 謝朓 江革 王融 沈約
唐人木蘭詩 附

第十卷

敕 啓 書

漢高祖手敕太子
晉明帝啓元帝
鄒長倩遺公孫賢良書
董仲舒詣丞相公孫弘記室書
揚雄荅劉歆書
酈炎遺令書 四首

王粲爲劉表與袁尚書
曹公與楊太尉書論刑楊脩
楊太尉答曹公書
曹公卞夫人與楊太尉夫人袁氏書
楊太尉夫人袁氏答書
魏文帝九日送菊與鍾繇書
第十一卷
對狀
董仲舒郊祀對　雨雹對
酈炎對事

樊毅乞復華山下十里以內民租田口筭狀
第十二卷
頌述
董仲舒山川頌
班固車騎將軍竇北征頌
黃香天子冠頌
傅咸皇太子釋奠頌
王粲太廟頌
邯鄲淳魏受命述

第十三卷

贊　銘

王粲正考父贊
張起尼父贊
蔡邕焦君贊
班固沛泗水亭碑銘　十八侯銘
馮衍車銘
傅毅車左銘　車右銘　車後銘
張衡綬笥銘
胡廣笥銘　印衣銘

崔駰仲山甫鼎銘　樽銘　襪銘
李尤孟津銘　洛銘　井銘
小車銘　漏刻銘
蔡邕警枕銘　樽銘
王粲無射鍾銘　刀銘

第十四卷

箴

楊雄百官箴
冀州牧　兖州牧
青州牧　徐州牧

揚州牧　荆州牧
豫州牧　益州牧
雍州牧　幽州牧
并州牧　交州牧
第十五卷
楊雄百官箴
光禄勳箴　衛尉箴
太僕箴　廷尉箴
大鴻臚箴　宗正箴
大司農箴　少府箴

執金吾箴　將作大匠箴
城門校尉箴　上林苑令箴
司空箴一作崔駰　太常箴一作崔駰
尚書箴一作崔瑗　博士箴一作崔瑗
第十六卷
崔駰太尉箴　司徒箴
河南尹箴　太理箴
崔瑗東觀箴　關都尉箴
河隄謁者箴　尚書箴一作繁欽
北軍中候箴　司隸校尉箴

郡太守箴一作劉騊駼
胡廣侍中箴一作崔瑗
崔寔諫大夫箴附
晉張華尚書令箴續
晉傅玄吏部尚書箴續入
第十七卷
雜文
董仲舒集叙
王褒僮約
班固奕旨
蔡邕篆勢
黃香責髯奴辭
聞人牟準魏敬侯碑陰文
第十八卷
記　碑
漢樊毅修西嶽廟記一作碑
衛覬西嶽華山亭碑
張昶西嶽華山闕碑銘一作張旭
王延壽桐柏廟碑
蔡邕九疑山碑

第十九卷

碑

楚相孫叔敖碑
子遷漢故中常侍騎都尉樊君之碑
酈炎漢金城太守殷君碑一作衛覬是石敬漢碑文可證又按崔酈炎以熹平六年死出碑稱殷君光和元年卒乃次年也
邯鄲淳後漢鴻臚陳君碑
崔瑗河間相張平子碑
度尚曹娥碑弟子邯鄲淳撰

第二十卷

誄

揚雄元后誄
傅毅北海王誄
魏文帝曹蒼舒誄

第二十一卷

雜賦十四首舊編載此諸篇文多殘缺搜撿他集互加參證或補及數句猶非全文今存卷末以俟博訪
賈誼虡賦
劉向請雨華山賦
劉歆甘泉宮賦

傅毅琴賦
蔡邕協和昏賦　琴賦
胡栗賦　述行賦
魏文帝浮淮賦
王粲大暑賦
曹植述行賦
劉楨大暑賦
應瑒靈河賦
傅毅東巡頌
蔡邕東巡頌
南巡頌
九惟文

古文苑目録終

古文苑卷第一

周宣王石鼓文

秦惠文王詛楚文

秦始皇嶧山刻石文

石鼓文

周宣王狩于岐陽所刻石鼓文十篇近世薛尚功鄭樵各為之音釋王厚之攷正而集錄之施宿又參以諸家之本訂以石鼓籀文真刻壽梓于淮東倉司其辨證訓釋蓋亦詳備按此編孫巨源得於僧寺佛書龕中以為唐人所錄審爾則又在薛鄭之前二三百年矣詳攷其文字畫音訓多與鄭本合豈鄭為音釋時嘗得此本參校邪惟甲乙之次與薛鄭本俱不同今合諸家之說併摘經傳語可為證者載于下甲乙仍其舊以薛鄭之次附于左

遾車既工遾馬既同 遾石本作䟘薛音我工石本作郭云籀文攻字冒山蘇氏石鼓詩亦作攻按車攻詩毛氏注攻堅也同齊也

遾車既好遾馬既駂 好石本作孜駂鄭音寶今作鴇郭云恐是籀文騊字騊北野良馬名

君子員員邋邋員斿 員石本作鼎說文員音云益也邋鄭通作獵字員又音負君子指從獵諸臣員員衆多而有禮義也獵獵旌旗搖動貌員斿當讀作員斿旌上贅旒詩悠悠旆旌

麀鹿速速君子之求 麀牝鹿速速疾行貌田狩之所求

○酋弓茲吕寺 酋石本作㔾郭云㔾當作鹵鹵弓即庾弓也薛作首鄭作酋周禮庾弓利射侯與弋弓薛作及吕古以字同寺諸家皆作時字

遾敺其孫 薛鄭皆作孫字施云[illegible]

十攻之字鄉磨滅 髟第是時字邪 其來趩 石本作趩二田亦及 說文行皃也一曰不

丌施云薛鄭本皆有此 貀𨗺字硎磨滅不可判 鐀 鄭云今作鐀未詳 音義石本有重文

即遵即時麀鹿趚趚 鄭云遵今作致與禁之 樂同薛作我趚薛作趚鄭

作趚直雜文 並無重文 歐其樸來射 施本此句在其來卤 之下又連二字於

上遵法云舊音我疑非與下我字 不同來字上更有其字下無射字 其來卤 薛作 首鄭

云卤亦作 遒即直字 既遵 施本無既字 遵作遵音敔 其貗蜀 施云王氏 集諸家釋

音四字皆不著宿得於北方及葉 氏本下三字甚明岐城石刻亦載

右一 薛作辛文 鄭作丙文

汧殹沔沔 王云汧音牽水名出扶風汧縣西北 入渭殹即也字見詛楚及秦斤下同

郭云讀如繫語助也沔籀韻作泛音鄭 云沔讀作綿蓋用沔字平声以叶韻 丞敥淖

淵 丞石本作惡鄭云丞字見秦權郭云讀如蒸 進也詩南有嘉魚丞然罩罩王肅云丞衆也

敥石本作㞑王云籀文皮字借作被音文曰丞 被淖淵與尚書導菏澤被孟豬之被同義郭音

彼淖淵水 之深處也 鰋鯉處之君子漁之 鰋鯉皆魚名鰋 鄭音鰋處鄭讀

作居盖取叶韻籀文 魚從寸今省作魚 澫澫又鯊其旂趞趞 鄭本 澫云

即漫以萬通作曼漫漫水之瀰茫處也又通作 有籀文省下同見詛楚文鯊今作鯊魚名所加

反旂今作斿下同趞薛作散 字鄭云趞邪蹴字相千反 帛魚皪皪其蘊氏

革帛以帛从水古文泊字今省水之淺處也步 鮮各反下同鄭云皪音洛集韻云白色也薛作

皪字說文鱳盧各反魚名蘊鄭云蘊亦作薀讀 如細見之組同施云按說文側余反醯也氏典

礼反按皪邪皪字音歷的皪白言泊中 之魚皪然潔白登之於細甚鮮也 黃帛其

鱄又鱄又鮊 黃泊水濁而淺處鄭云鰐即鱄字 魚畢連反郭云畀即古畀字从魚从

甲步佳反魚名薛作鰛鱄鄭云今作鮒作音附郭云並呼反今從鱄鮊鄭云鮊音白其豆

孔庶鱳之𩵦鯷豆石本作胡郭云胡今作胘乞及反博雅鯸謂之胘鄭作豆字

罺郭云籀文罺字鄭云罺讀官反施網也㲋舊注田若反相如大人賦休㲋奔走也涇涇

⿺走專⿺走專涇郭云籀文洋字鄭云音汗今作瀞𨑳鄭云傳或云即端字其魚佳可

佳鱮佳鯉可吕橐之佳楊及柳佳通作維可通何下並同橐

說文符霄反鄭云與標同舊本音貫眉山蘇氏石鼓詩作何以貫之

右二薛作戊文鄭作甲文

施云十鼓中唯此完好無一字磨滅成文可讀然字多假借世既逾遠不能盡知故義亦有不通處更俟博雅君子辯而釋之庶可補雅頌之亡逸

田車既安鋚〇勒馬按詩注輶車田獵驅逆之車取其輕捷也鋚郭云大玄反轡首銅也廣韻音條紹頭銅飾〇衆既簡簡選也左驂旛旛右

驂騝騝詩騧驪是驂注驂兩騑也車駕四馬在內兩馬謂之服在外兩馬謂之騑郭云旛妨圓反旌旗總名旛旛取其輕舉貌騝居言反爾雅驪馬黃脊或云紀偃反取其壯健皃

避吕隮于原避讀作我隮升也原石本作邍古原字下同避戎陣止

施云鄭本戎字作我下有陣止二字今攷碑本䢒闕非有磨滅戎世二字上下相承不容有陣止字於其間世陖鄭作陖云今作陸施云又疑為跌字薛作陖籀文宮車其

寫秀弓時射宮車輂車也周礼輂車用於宮中秀與綉同綉弓戎弓也谷梁傳弓綉質質靶也戎弓綉其質示武中有文言田狩之時宮車寫而不用戎弓時施於射方言發秘

舍車也舍音寫史記嗪每破諸侯寫放其宮室讀如卸麋豕孔庶麀鹿雉

兎言所獲多品其〇又旃又是作有旃鄭云今作[illegible]其〇趡鄭云今作

俗或遺亢○鄭本有卤字在大字上音適古直字也出各亞石本作丕
施云沂簡作亞古孝經作[illegible]古字通用○○杲○薛作昇字鄭云疑即思字碧落
碑思作昇郭云恩是臭字者亦大白澤也白澤獸名公執而勿射○庶趯
趯說文即擊反動也郭云走也鄭云與趯同君子逌樂逌石本作逌薛作逌郭鄭
云逌今作攸所也按漢書地理志鄜水逌同五行志彝倫逌敘皆古攸字
右三薛作丙文鄭作丁文
○○鑾車郭云人君乘車四馬鑣八鑾鈴象鸞鳥声从鸞从金省按經史或作鸞左
傳錫鸞和鈴詩八鸞瑲瑲是也周礼王乘玉輅以封嵾敹真○嵾石本作嵩施云說
文呼骨反疾也薛作䔢字鄭云即拜字敹即嵾字並見義雲章真薛作真鄭云即填字亦作鎮
○弓孔碩彤矢○○按詩彤弓彤矢天子以錫有功諸侯說文侯之命从

左傳甯武子所言彤弓一彤矢百是也毛氏注彤弓朱弓也孔氏以彤弓為周礼之唐弓大弓
碩大也或曰碩實也筋角膠木各得其所則弓體實○馬其寫六轡騺二
鄭云五到反讀若遇諸家本並騺字上闕一字無重文辻驖孔庶鄜亶搏
搏注諸家本皆作徒字驟鄭云今作馭鄜薛作鄜鄭云亦作鄜或云即鄜字諸家本亶今作
宣上闕一字施云宿本並不見重文坡城刻本亦無酋車載衍酋鄭云即酋字詩所
謂輶車鸞鑣田狩之車也載石本作䭑籀文載字行今作道字○徒如章逢邍
陰陽逢古原字邍鄭云今作濕通作隰徒從也徒從整布如文章然原高陸也隰卑隰也
其髙低向背皆有陰陽公劉詩相其陰陽度其隰原趍趍六馬射之鏃逞
鄭云趍即趣字七走反詩蹶維趣馬郭云鏃籀文族古作鏃小異鄭云鏃與李商隱族字相近
疑即族字借作鏃耳逞徐作徐岦馬天子所駕也趣趣然調和閑習射則矢鏃之蔟舒徐不迫

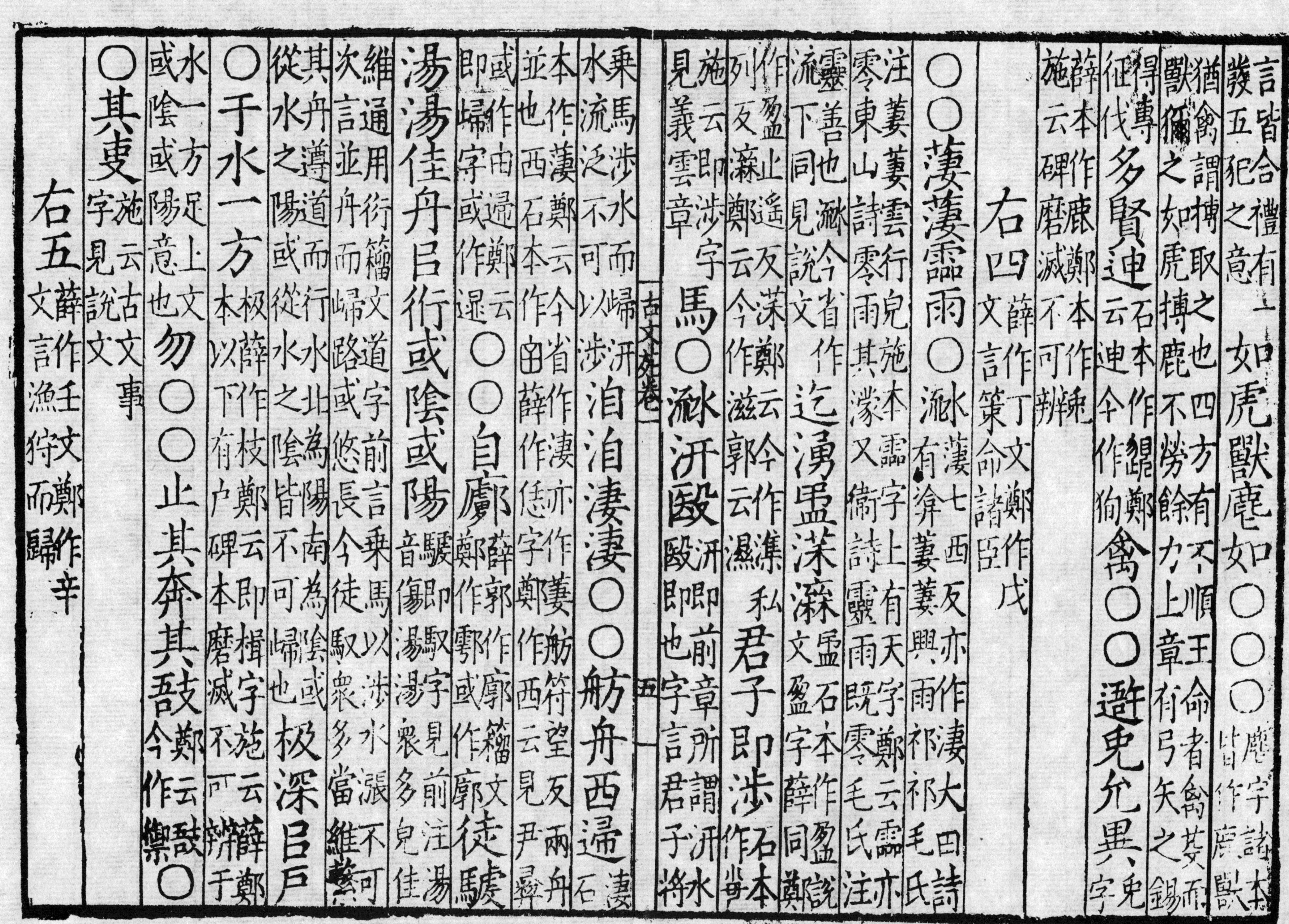

言皆合禮有一發五犯之意如虎獸麀如○○○麀字諸本皆作麌獸
猶禽謂搏取之也四方有不順王命者禽茇亦獸獮之如虎搏鹿不勞餘力上章有弓矢之錫
得專征伐多賢迪石本作鋧鄭云迪今作狗禽○○避兔允異、兔字
薛本作麃鄭本作兔施云碑磨滅不可辨
右四薛作丁文鄭作戊文言策命諸臣
○○蔞蔞霝雨○瀓蔞七西反亦作淒大田詩有渰萋萋興雨祁祁毛氏
注萋萋雲行皃施本霝字上有天字鄭云霝亦零東山詩零雨其濛又衛詩靈雨既零毛氏注
靈善也瀓今省作流下同見說文迄湧盄湶瀮盄石本作盈說文盈字薛同鄭
作盈止遙反湶鄭云今作濼列反瀮鄭云今作滋郭云濕私君子即涉石本作步
施云即涉字見義雲章馬○瀓汧殹汧即前章所謂汧水殹即也字言君子將

乘馬涉水而歸汧水流泛不可以涉洎洎淒淒○○舫舟西逮淒石
本作蔞鄭云今省作淒亦作萋舫符望反兩舟並也西石本作甶薛作囟字鄭作西云見尹彝
或作由逯鄭云即歸字或作遝○○自鄜薛郭作鄜籀文鄭作鄚或作鄜徒⿰馬虎
湯湯佳舟吕衎或陰或陽⿰馬虎即馭字見前注湯音傷湯湯衆多皃佳
維通用衎籀文道字前言乘馬以涉水濊不可次言並舟而歸路或悠長今徒馭衆多當維蓺
其舟導道而行水北為陽南為陰或從水之陽或從水之陰皆不可歸也极深吕戶
○于水一方极薛作枝鄭云即楫字施云薛鄭本以下有戶碑本磨滅不可辨于
水一方足上文或陰或陽意也勿○○止其奔其鼓鄭云鼓今作樂○
○其叓施云古文事字見說文
右五薛作壬文鄭作辛文言漁狩而歸

猷作邍作衜籀文作與作通邍古原字衜即導字遄我𤔲除遄石本作
卷薛郭作徒字鄭作遄字𤔲鄭云今作治字施云按古文孝經治字作𤔲與此小異帥敗
被[阝序]音序郭作阪音反[艸算]薛作[艸]音莽郭云恐是莽莾草之相糾者居料反鄭本作
算云今省文作莫或作草未審孰是為世里世石本作𠀍施云世三十也文曰為三十
里以三十為世書家謂之會意佛書謂之二合字書卉蘇合反非世字也𠀍即世字微[彳戠]
[彳戠]薛作徽鄭云[彳戠][彳戠]未詳音義逌圂逌薛作廼鄭云逌作攸圂薛作罟字鄭云圂亦作圂
並音古網罟也㮚薛作栗尚書栗作㮚與此相類說文省作㮚柞棫其𣘲鄭云
𣘲亦作槃或作柈字格說文讀作皓方老反薛作格字庸庸薛作庸鄭云庸庸未詳音義
或云遷字諸本無重文鳴亞箬石本作[艸]薛郭作籀文若字鄭作箬其雩石本
作蔑薛作華鄭云雩亦作雩況于反為所斿憂夅薛作夓鄭云今作蘷盩郭作𥳑云

籀文盩字今省衜導古對樹合孫會薛鄭音合字鄭云疑即畬字音饗施云
碑本雖稍磨滅上從五字尚可辨非從今也又薛鄭本下有孫字今碑本無此字
右六薛作庚文鄭作乙文言除道
施云此鼓乃向傳師皇祐間所搜訪而得之者每行不僅存四字自四字
而上磨滅者傳師磨去刻當時得之之由故今所存皆斷續不成文鄭樵
乃以猷作原作導遄我治除帥阺莫為世里十六字為成辭蓋鄭所見
乃遺文之摹刻者不知其本未嘗相屬也
而師弓矢孔庶左驂滔滔攄文理而字上當有闕文施云鄭本師字
下有弓矢孔三字左字下有驂字今碑本磨滅是戴薛鄭本皆闕而不音施云按說文古
戴字與此相類下同不具奪施云薛本有𩫖字闕音碑本磨滅不可辨後具肝

石本作哥薛作旰鄭作旰音吁來其寫矢矢石本作㴱施云恐是小大二字鍾鼎欵

識多此類薛作矢字㚆字鄭作矢字具來樂天子來施云鄭本子司下有來字扁

王始古我來

右七薛作甲文鄭作壬文

叉音被見别上注走䮕鄭作䮕劑馬薦鄭云今省作薦䈗若若本作糕

薛作奔鄭云即若字古諸字從此𢼸石本作㚘施云㪇說文隹與微同薛作放音非也𥿋

立其一之施云宿二本下皆有止字按此本作之字

右八薛作己文鄭作庚文

施云此鼓最磨滅僅存十三字不復成文

避我水衛古導字下同見上注按文導字上闕一字既平既止喜樹

𠟭里天子永寧喜石本作嵩鄭云即喜字薛作嘉施云說文喜字如此寫𠟭籀

文則字寧與寍同大意言水既疏導民可樹藝地可井界天子之心為之安寧喜樹二字未必

連屬日佳丙申〇〇施云宿本丙申下二字尚可辨更俟攷之避其用

丁衜馬既申敕蕭蕭駕申重也敕戒也蕭蕭施本作康康駕石本作駱郭鄭

音駕籀文按文駕字上闕一字左驂驐驐施云五到反馬怒也⿰馬秋⿰馬秋扯女

驐諸本無重文鄭音敹遆扯石本作㲉施云說文識字與此相類薛郭鄭本並作扯字郭云子一

反摘也鄭云疑即𨑯字皆𦍒本誤之也女通作汝不翰郭云籀文翰从飛鄭音同䨣

薛作霸鄭云恐是籀文霾字鄭云即診字公謂天余及如周石本作周施云

說真害字鄭云周今省作周不余及

右九薛作乙文鄭作癸文言祭道

施云上下皆磨滅不成文

亯人𡴆陾王云吳通作虞鄭字同吳人曰亭社也亭社以狩以獻鮮馬汧水出于吳山故漁于汧而狩于吳也施云其說恐未然㮚亦作憐鄭云亟即亟字吳山即吳岳也漢地理志右扶風汧縣注吳山在西古文以為汧山汧水出西北入渭朝夕敬○朝石本作𣶏薛作救字鄭云即朝字載卤載北載石本作𢧵見前注卤即西字鄭云見魯侯彝勿奄勿伏奄石本作𠃬鄭云見盂和鐘通作掩伏石本作𠈐薛作戍字鄭作伏字䒤而出○鄭云䒤即𠱥字或云即畢字碑已磨滅薛音之○獻○獻薛作獻字鄭作狩字○○○○○○大祝○○○亯亯薛作高按碧落碑高字同此鄭云今作亭○○𡙇盗𡙇薛作執說云執與藝同鄭云亦作社即社字盗寍同逄中孔𣅀○籀文𠟭作𣅀見說文麀鹿舊本鹿字在上今從諸家本下同麐麐韓奕詩作麀鹿噳噳愚甫反毛氏曰噳噳然衆也遊○其○麀鹿䮽䮽鄭云即幢字見邢敢彝敦天○○○○○○求

又○○○○○○是○○○○○○○○

右十薛作癸文鄭作巳文

右石鼓文周宣王之獵碣也唐自貞觀以來蘇勗李嗣真張懷瓘竇臮竇蒙徐浩咸以爲史籒筆蹟虞世南歐陽詢褚遂良皆有墨妙之稱杜甫八分小篆歐叙歷代書亦廁之倉頡李斯之間其後韋應物韓愈稱述爲尤詳至本朝歐陽脩作集古録始設三[illegible]

之說爲無所攷據後人因其疑而增廣之南
渡之後有鄭樵者作釋音且爲之序乃摘丞
丞殹也二字以爲見於秦斤秦權而指以爲
秦鼓僞劉詞臣馬定國以宇文泰嘗蒐岐陽
而指以爲後周物嗚呼二子固不足爲石鼓
重輕然近人稍有惑其說者故予不得不辨
集古之一疑曰漢桓靈碑大書深刻磨滅十
八九自宣王至今爲尤遠鼓文細而刻淺理
豈得存予謂碑刻之存亡係石質之美惡摹
拓之多寡水火風雨之及與不及不可以年

祀久近論也且如詛楚文刻於秦惠文王時
去宣王爲未遠而文細刻淺過於石鼓遠甚
由始出於近歲戕害所不及至無一字磨滅
者顏真卿干祿字刻於大曆九年顯暴於世
工人以爲衣食業摹拓爲多至開成四年纔
六十六載而遽已訛闕由是言之年祀久近
不足推其存亡無可疑者二疑以謂自漢以
來博古之士略而不道三疑以謂隋氏藏書
最多獨無此刻予謂金石遺文湮於瓦礫歷
代湮沒而後世始顯者爲多三代彝器或得

於近歲其制度精妙有馬融鄭玄所不知者又詛楚文筆蹟高妙世人無復異論而歷秦漢以來數千百年湮沉泉壤近歲始出於人間不可謂不稱於前人不録於隋氏而指爲近世僞物也予意此鼓之刻雖載於傳記而經歷代亂離散落草莽至唐之初文物稍盛好事者始加採録乃復顯於世及觀蘇勗叙記尤喜予言之爲得也則夫隋氏之不録又無足疑者况唐之文籍視今爲甚備而歷秦不敢爲臆説自貞觀以來諸公之説若出一

人固不特起於韋韓也而韋應物又以爲文王之鼓宣王刻詩言之如是之詳當時無一人非之傳記必有可考者矣小篆之作本於大篆丞斯二字見於秦器固無害况丞字從山取山高奉丞之義著在説文字體宜然非始於秦也唐初去宇文周爲甚近事語尚在於長老耳使文帝鐫功勒成以告萬世豈細事哉宜時人共知之况蘇勗之祖邳公綽用事於周文物號令悉出其手豈得其賢子孫乃不知其祖之所作者乎嗚呼三代石刻存

於世者壇山吉日癸巳刻於此耳爾吉日癸巳無所攷據獨此鼓昔人稱說如是之詳觀其字畫奇古足以追想三代遺風而學者因可以知篆隸之所自出好異者又附會異說而詆訾之亦已甚矣其鼓有十因其石之自然粗有鼓形字刻於其旁石質堅頑類今人爲碓磑者其初散在陳倉野中韓吏部爲博士時請於祭酒欲以數槖駝輿致太學不從鄭餘慶始遷之鳳翔孔子廟經五代之亂又復散失本朝司馬池知鳳翔復輦至于府學

之門廡下而亡其一皇祐四年向傳師搜訪而足之大觀中歸于京師　詔以金塡其文以示貴重且絕摹拓之患初致之辟廱後移入　保和殿靖康之末　保和珍異北去或傳濟河遇大風重不可致者棄之中流今其存亡特未可知則拓本留於世者宜於法書並藏詎可輕議也哉紹興己卯歲予得此本於上庠喜而不寐手自裝治成秩因取薛尚功鄭樵二音參校同異并考覈字書而是正之書于帙之後其不至者姑兩存之以俟博

洽君子而質焉臨川王厚之順伯

（樵按歐陽氏有石鼓三疑終則曰觀其字畫高妙非史籀不能作眉山蘇氏石鼓詩則曰勳勞至大不矜伐文武未遠猶忠厚又曰自從周衰更七國竟使秦人有九有登山刻石頌功烈後者無繼前無偶皆云皇帝巡四國烹滅強暴救黔首合二公之詞觀之則石鼓為宣王時物不必多辯矣）

詛楚文

（奉告巫咸文說者皆謂近世出於鳳翔府祈年觀基之下眉山蘇氏形之詩詠亦以為然此編既云唐人所藏於佛書龕中得之則唐時此文已流傳於世惜無名士如韋應物韓退之輩題詠故其名不顯按巫咸在解州監池與古雍相遠盟石以告神或瘞於土或沈於水皆當在本所如告久湫文得於朝那湫傍是也告巫咸文不應遠在古雍以是推之此石出於唐之前後復湮沒於祈年觀下至近世而復出理無可疑文多古字間有假借王厚之音釋頗詳今載于后）

又（又通作有以下字多假借）秦嗣王𢽴（籀文敢字後同）用吉玉宣（古宣字通作瑄六[illegible]曰瑄）璧使其宗祝邵鼛布忠（篆文似作忞字又作憖王本作〇）告于不顯大神巫咸（久湫本作不顯大沈久湫亞駞本作不顯大神亞駞久讀作故亞讀作烏按文王詩有周不顯毛氏注甚顯也正與此不顯字同意或者假借為丕顯正不必然）㠯（古以字）底楚（楚）王熊相之多辠（罪）𥄉（昔）我先君𦙴（穆）公及楚成王是（讀作寔）繆（讀作戮左傳成公十一年戮力同心）力同心兩邦𡺝（古若字）壹（古壹字）絆

㠯㱿婚㬪姻袗㠯齊盟曰葉枼萬子孫毋相爲

不利檀弓世世萬子孫毋變也親卽王作印讀作仰不顯大神巫咸

久湫本無不顯二字只作大沈久湫亞駞本作不顯大神亞駞以下凡舉所祀神名皆同而

質焉今楚王熊相康讀作庸回無遉道淫失讀作佚

甚讀作耽亂宣宣奓古文侈字競從讀作縱變輸讀作渝按春秋

六年鄭人來渝平左氏傳作渝公羊穀梁作輸二字蓋通用渝變也盟剌內之鼎

籀文則虍古文㬎字周字下同䖒禮有司䖒虐不辜久湫本作姑通用刑戮

孕㪏婦幽剌親久湫亞駞本作㦰戚字漢戚伯敍敍古文親字著碑夏承碑

皆用此字法拘圉其叔父寘者讀作諸下同冥室櫝棺之

中外之𠟭則冒改久心不畏皇天上帝及不顯

大神巫咸之光列烈威神而無佫倍十八世之

詛盟率者諸侯之兵㠯臨加我欲剗伐我社稷

伐威許劣反滅也詩褒姒滅之我百姓姓求蔑灋古法字皇天

上帝及不顯大神巫咸之卹㠯圭玉羲儀牲逑

取䛊古我字一作吾邊城新郢音皇及鄔王本作柳長敍親䛊

我不𣪊敢曰可今有通作又久湫亞駞本作又悉興其衆張

矜意王本作意籀文億字左傳以馮陵我敝邑不可億逞說文云滿也怒飾甲

底兵奮士盛師㠯偪王本作佰云久湫亞駞本作偪字當作偪䛊我

邊競讀作境將欲復其賕賕逨惟是秦邦之羸衆

敝賦𩊛王本作輸讀作鞡革也皮去毛曰革鞾音俞刀鞘也以革飾刀鞘也言棧

興禮使聲上介老將聲去之吕自救毆久湫本作也毆古也字見石鼓文及秦權鞹鞫棧輿言非戎器之備也介老謂一介之老言又非將帥之才也秦自謂不得巳特遣一介之老將也羸衆自救而巳言不敢飾甲底兵以先伐楚也曰禮使者言楚興師之不以禮也亦應𠬪古受字皇天上帝及不顯大神巫咸之幾靈德賜克古克字㓷王本作制古制字久湫亞馳本作劑劑導為反爾雅云翦齊也楚師王本作楚楚云下一楚字久湫亞馳本作師字當作師日復略我邊城設敢數楚王熊相之佸倍盟盟犯詛箸著者諸石章吕盟大神之威神

詛楚文有三皆出於近世初得告巫咸文於鳳翔東坡鳳翔八觀詩嘗紀其事舊在府廨

徽皇時歸御府次得告大沈久湫文於渭時蔡挺帥平涼携之以歸在南京蔡氏最後得告亞馳文於洛在洛陽劉忱家其詞則一惟質於神者隨號而異述秦穆公與楚成王相好及熊相倍十八世詛盟之罪以史記世家年表攷之秦自穆公十八世至惠文王與楚懷王同時從横争霸此詛爲懷王也懷王十一年蘇秦戰國策作李兌約從山東六國共攻秦楚懷王爲從長至函谷關秦出兵擊之皆引而歸齊獨後今文曰熊相率諸侯之兵以臨加

我是也後五年秦使張儀以商於之地六百里欺楚使絶齊懷王信之既與齊絶使一將軍西受封地秦倍約不與文又曰述取我邊城新郢及鄔長親我不敢曰可是也懷王忿張儀之詐發兵攻秦文又曰今又悉興其衆以偪我邊境是也是歲秦遣庶長章拒楚文又曰禮使介老將之以自救是也此文之作乃秦惠文王之後十二年楚懷王之十六年也明年春庶長章擊楚於丹陽虜其將屈匄又攻楚漢中取地六百里乃既詛之後史楚

王無名相者或以相與商聲相近遂以熊相爲威王熊商攷秦惠文王之立雖在楚威王二年然終威王之世秦楚未嘗以兵相加也或以楚自成王至頃襄王十八世遂以爲頃襄王橫秦人之文自不應數楚之世況頃襄王立乃秦昭王九年歷惠文武王至昭王是時楚已微弱非秦所畏不應有詛也或謂姓書以熊相爲羋姓如熊相禖熊相祈熊相宜僚皆羋姓列國類不名其君故特稱其姓然亦未安相疑懷王名世家作槐年表作魏傳

寫之誤也巫咸在解州鹽池西南久湫在安定郡即朝那湫也亞駞即呼沲河顧野王攷其地在靈丘竹書紀年穆公十一年取靈丘故亞駞自穆公以來爲秦境也時邵䥞徧走羣望想不止三所今見於世者止此耳著諸石章或沉或瘞石麤可礪圖其久而存也趙德甫金石録云張芸叟黄魯直皆有釋文世必有存者偶未之見俟尋訪以校今音之異同云臨川王厚之順伯

嶧山刻石文

嶧音亦山在魯鄒縣爾雅嶧山純石相積構連屬而成山按史記秦始皇二十六年初并天下自號曰皇帝二十八年東行郡縣上鄒嶧山遂上泰山封祀並勃海以東登之罘又作琅邪臺二十九年登之罘三十二年之碣石三十七年上會稽並刻石頌秦德凡七處史載其辭者五二十九年之罘又載東觀刻辭惟二十八年嶧山并之罘二刻石辭不載豈偶遺佚抑有去取耶東南惟會稽尚存石刻宋書竟陵王子良嘗登秦望山主簿范雲以山上有始皇石刻文三句爲韻又昔大篆人多不識乃夜取史記讀之明日登山賔僚皆茫然不識雲讀之如流子良大悦以爲上賔

皇帝立國維初在昔嗣世稱王每三句爲韻始皇十三歲嗣位爲秦皇討伐亂逆威動四極武義直方戎臣奉詔

戎臣將帥總戎之臣詔者天子之命經時不久滅六暴強三晉楚燕齊六

強國二十有六年句皆四字二十當合為廿音入上薦高號兼并天子

羣臣上尊號遠稱皇帝孝道顯明既獻泰成謂告成于天乃降

專惠親巡遠方史記載泰山文親巡遠方黎民國朝大觀中汶陽劉跂親至泰

山絕頂見其碑模之以歸乃作親巡遠黎登于嶧山羣臣從者咸思

攸長追念亂世分土建邦以開事理攻戰日作

流血於野自泰古始世無萬數陁及五帝莫能

禁止迺今皇帝壹家天下兵不復起始皇罷侯置守以為

自古莫及已及羣臣稱頌之辭往往若此災害滅除黔首康定史記秦更

名民為黔首利澤長久羣臣誦略言功德隆盛羣臣莫能名言但誦其

大略而已刻此樂石石之精堅堪為樂器者如泗濱浮磬之類以著經紀

皇帝曰金石刻盡始皇帝所爲也今襲號而

金石刻辭不稱始皇帝其於久遠也如後嗣

爲之者不稱成功盛德丞相臣斯李臣去疾

馮去疾御史大夫臣德昧死言秦尊君卑臣羣臣昧死而後言

蔡邕獨斷曰漢承秦法羣臣上書皆言昧死臣請具刻詔書金石

刻因明白矣臣昧死請制曰可已上二世所刻辭按史記

二世東行郡縣李斯從到碣石並海南至會稽而盡刻始皇所刻石石旁著大臣從者名

以章先帝成功盛德焉云云

古文苑卷第一

古文苑卷第二

宋玉賦六首

按史楚襄王名横懷王之子也周赧王十七年懷王拘留於秦襄王立宋玉者屈原弟子仕襄王為大夫閔其師忠而放逐作詞九章以述其志兮楚詞九辯是也此諸賦雖體格不同俱非九辯比矣

笛賦　大言賦　小言賦
諷賦　釣賦　舞賦

笛賦

廣雅曰篇謂之笛有七孔詩簡兮左手執籥則笛之為樂器久矣或曰漢武帝時丘仲始作笛其說曰羌人伐竹闈龍吟水中截竹吹之象其聲蓋羌笛也

余嘗觀於衡山之陽衡山南岳也属荊州見奇篠異幹罕節間枝一本作簡支之叢生也禹貢揚州厥貢篠簜孔安國注篠竹箭簜大竹其處磅磄千仞磅磄言盤礴也八尺曰仞絶谿凌阜隆崛萬丈盤石雙起丹水涌其左醴泉流其右丹水醴泉天地醇和之氣融液而成淮南隆形訓崑崙疏圃之池是謂丹水又玄玉生醴泉其陰則積雪凝霜霧露生焉列仙傳陵陽子所謂沆瀣之氣其東則朱天皓日素朝明焉朝霞之氣其南則盛夏清微一作徵春陽榮焉正陽之氣其西則涼風遊旋吸逮存焉淪陰之氣吸逮言吸聚而相逮逮一作逯衡山之陽具天地陰陽之正氣故竹生其間枝幹特

異幹枝洞長（竿節橫空洞而長）桀出有良（作有良工馬）名高師曠將爲陽春北鄙白雪之曲（師樂官也曠字子野晉平公時人陽春白雪曲名北鄙紂樂蕭殺之音此鄙白雪謂變殺声爲和声）假塗南國至此山望其叢生見其異形曰命陪乘（曰與粤通陪乘副車也魯語士有陪乘）取其雄焉（淮南子曰師曠奏白雪之音而神物下降陽春白雪之曲所謂郢中寡和者取其和暢絜白故云假塗南國而取其雄）宋意將送荆卿於易水之上得其雌焉（荆軻爲燕太子丹刺秦王至易水之上歌曰風蕭蕭兮易水寒壯士一去兮不復還宋如意和之殺心蘊於中其声悽切故得其雌二者皆托辭）於是乃使王爾公輸之徒（二人古之巧思者公輸魯般也王爾見淮南子王爾無所錯其剞劂張衡西京賦命般爾之巧匠）合妙意角較

手（一本作較敏手）遂以爲笛於是天旋少陰白日西靡（當秋以陰用事日暮淒悷之時）命嚴春使午子（兩人善音律者王褒洞簫賦師襄嚴春不敢竄其巧兮浸淫叔子遠其類七畧有莊春漢避明帝諱易爲嚴午子未詳）延長頸奮玉手（叶韻合是掐字古文傳寫誤）擒朱脣曜皓齒頳顏臻玉貌起吟清商追流徵（皆歌曲也晉王嘉拾遺記師延奏清商流徵滌角之音紂曰淫声樂非予可聽）歌伐檀（伐檀魏國之詩刺在位貪鄙）號孤子（孤子亦歌曲蓋伯奇申生之倫遭讒放逐見之吟詠者楚詞孤子唫而抆淚）發久轉舒積鬱其爲幽也甚乎懷永抱絕喪夫天（婦人以夫爲天）亡稚子纖悲徵痛毒離肌膓腠理激叫入青雲慷慨切竆士度曲羊膓坂揆殃振

奔逸新序趙簡子上羊腸之坂羣臣皆偏袒推車酈元注水經云羊腸盤道三十六回笛声委蛇如羊腸坂之車音忽然振揚又如掉鞅而駿奔言曲而肆殃即鞅字馬紲也左傳繫韅鞅靷遊泆志列絃節散而不亂絲竹間作故應絃節武毅發沉憂結感人如此呵鷹揚吒太一鷹揚猛將太一尊神笛声皆足以感激之聲淫淫以黯黮徒感反黯黮懔慘慘也氣旁合而爭出歌壯士之必往即易水之歌悲猛勇乎飄疾麥秀漸漸兮鳥聲華翼史記箕子過殷虛作麥秀之詩曰麥秀漸漸兮招伯奇於源一作涼陰伯奇尹吉甫子為後母所譖自投於水追申子于晉域申生晉獻公太子為驪姬所譖奔曲沃雉經而死言笛声悽切能招三子之冤夫奇曲雅樂所以禁淫也錦繡黼黻所以御暴也雅曲以禁淫邪猶錦

繡昭其文黼黻示其斷寓之身章所以禦暴非以為修麗也綽則秦過是以檀卿刺鄭聲檀卿古之知音者鄭声淫蕩故刺之周人傷北里也北里即北鄙之音紂為朝歌北鄙之音百姓不親天下畔之周人伐紂滅殷故傷之也劉向說苑子路鼓瑟有北鄙之声孔子聞之曰先王之制音也奏中声為中節流入於南不歸於北南者生育之鄉北者殺伐之域昔舜造南風之声其興也勃焉紂為北鄙之声其廢也忽焉今由也無意乎先王之制而有亡國之声其能保七尺之身哉亂曰顏師古曰亂者理也摠理一賦之終也見遂初賦注又芳林皓幹有奇寶兮博人通明謂師曠之倫樂斯道兮般衍瀾漫終不老兮雙枝間麗貌甚好兮八音和調成稟受兮製而為笛和諧八音所以成此竹稟受之異金石絲竹匏土革木謂之八音笛居其一惟声中律呂故能諧衆商風俗通

曰笛滌也所以滌邪穢納之於雅正也笛音一定諸紛說皆從笛為正善善不衰

爲世保一作寶兮絕鄭之遺離南楚兮絕鄭國之淫声離南楚之夷域而之上國也美風洋洋而暢茂兮論語關雎之亂洋洋乎盈耳關雎周南正風嘉樂悠長俟賢士兮鹿鳴萋萋思我友兮嘉樂雅樂也鹿鳴小雅之詩讌嘉賓也安心隱志可長久兮

按史楚襄王立三十六年卒後又二十餘年方有荊卿刺秦之事此賦果玉所作耶

大言賦

中庸曰君子語大天下莫能載焉語小天下莫能破焉此大言小言所由起也楚之諸臣當君危國削之際不知戒懼方且虛詞以相角恢諧以希賞亦可悲矣

楚襄王與唐勒景差宋玉三人楚大夫差作切磋之磋遊於陽雲之臺雲夢中高唐之臺言其高出雲之陽也王曰能爲寡人大言者上座按文大言字上合有賦字王因唏曰操是太阿剝一作戮一世流血冲天車不可以厲唏叱咤声也許既反太阿古之寶劍詩深則厲褰衣涉水也水至心曰厲至唐勒曰壯士憤一作頓兮絕天維北斗戾兮太山夷淮南子共工與顓頊爭為帝不得怒而觸不周之山天維絕地柱折戾拆也夷平也至景差曰校士猛毅皋陶嘻周禮冬官韗人為皋陶鄭司農注皋陶鼓木也言勇壯之氣能使鼓木之声亦振厲大笑至兮摧覆思端門之觀闕也一作罘罳鋸牙雲晞甚大鋸牙言牙之銛利似鋸其大如雲淮南子云堯之時窫窳封豨鑿齒皆為民害三猛獸也

猶當作猶張協七命感判猶獨豕幻爪摧鋸牙裨吐舌萬里唾一世至

宋玉曰方地爲車易坤爲輿圓天爲蓋晉天文志言天之家有蓋天謂天形如倚蓋長劍耿耿一作耿介倚天外一作之外王曰未

也王曰并吞四夷飲枯河海跋越九州無所容

止身大四塞愁不可長據地跲天迫不得仰得一作能跲蹴也

小言賦

楚襄王既登陽雲之臺令一作命諸大夫景差唐

勒宋玉等並造一作進大言賦賦畢而宋玉受賞

王曰此賦之迂誕則極巨偉矣抑未備也且一

陰一陽道之所貴易繫辭一陰一陽之謂道小往大來剥復

之類也泰小往大來吉亨自剥復始也是故卑高相配而天地

位易繫辭卑高以陳貴賤位矣三光並照則小大備能高而

不能下非兼通也能麤而不能細非妙工也然

則上坐者未足明賞賢人有能爲小言賦者賜

之雲夢之田景差曰載氛埃兮乘剽塵一作輪體

輕蚊翼形微蚤鱗聿遑浮踊凌雲縱身聿遑迅疾也揚雄校獵賦武騎聿皇凌雲掀張弛相如傳飄飄有凌雲氣言奮身騰踊不過蟲鍼眼穿羅巾

經由鍼孔出入羅巾飄妙翩綿乍見乍泯平声唐

勒曰析飛糠以爲輿剖粃糟以爲舟泛然投乎

杯水中莊子覆杯水於坳堂之上芥爲之舟淡若巨海之洪流蠅

蚋皆以顧眄蚋音芮蚊類而小皆眼也附蠛蠓而遨遊蠛蠓飛虫形微於蚋寧隱微以無準原存亡而不憂又曰館於

蠅鬚宴于毫端列子焦螟羣飛而集於蚊睫弗相觸也栖宿往来蚊弗覺也烹虱脛切蟣肝莊子鼠肝蟲臂言其至微眇也會九族而同嚌

猶委餘而不殫宋玉曰無內之中楚詞其小無內其大無垠

微物潛生比之無象言之無名蒙蒙一作夢滅景

昧昧遺形超於太虛之域出於未兆之庭纖於

毳末之微蔑陋於茸毛之方生視之則眇眇望

之則冥冥離朱爲之歎悶列子離朱子羽方晝拭眥揚眉而望之弗

見其形即離婁古之明目者神明不能察其情二子之言磊

磊皆不小何如此之爲情王曰善賜以雲夢之

田雲夢楚之澤上曰雲下曰夢書雲土夢作乂

諷賦

白虎通諫有五一曰諷諫諷也者謂君父有闕而難言之或托興詩賦以見乎詞或假借他事以陳其意冀有所悟而遷於善楚襄王好女色宋王以此賦之之詞麗以滛謂之勸可也

楚襄王時宋玉休歸以休沐歸私家又謂之告假唐勒譏之

於王曰玉爲人身體容治易治容誨淫口多微詞出

愛主人之女愛謂私好也容舍之主人入事大王願王疏之

玉休還王謂玉爲人身體容治口多微詞出愛主人之女入事寡人不亦薄乎玉曰臣身體容治受之二親口多微詞聞之聖人臣嘗出行僕飢馬疲正值主人門開主人翁出嫗又到市獨有主人女在女欲置臣堂上太高堂下太卑穀梁子曰於廟則已尊於寢則已卑乃更於蘭房之室一作芝室家語與善人居如入芝蘭之室止臣其中中有鳴琴焉琴瑟所以通意合好詩琴瑟友之臣援而鼓之爲幽蘭白雪之曲曲名取潔白之中芬芳悅人以挑女也主人之女翳承日之華披翠雲之裘翡翠羽為裘更被白縠之單衫詩所謂衣錦絅衣垂珠步搖首飾名行則動搖故謂之步搖以珠飾之來排臣戶曰上客日高無乃飢乎爲臣炊彫胡之飯西京雜記顧翺母好食彫胡飯菰之有米者長安人謂為彫胡烹露葵之羮來勸臣食以其翡翠之釵挂臣冠纓臣不忍仰視爲臣歌曰歲將暮兮日巳寒女自謂盛年易邁中心亂兮勿多言臣復援琴而鼓之爲秋竹積雪之曲曲名取堅貞之節不為物移以自況也主人之女又爲臣歌曰內怵惕兮徂玉牀橫自陳兮君之傍君不御兮妾誰怨平声日將至兮下黃泉玉曰吾寧殺人之父孤人之子誠不忍愛主人之女王曰止止寡人於此時亦何能已也

釣賦

詩曰其釣維何維絲伊緡論語曰子釣而不綱釣者施綸於竿垂餌以取魚也

宋玉與登徒子登徒姓也子者男子之稱假設為名猶言升諸其徒之人偕受釣於玄洲玄妙也洲水邊洲渚言精於釣故托玄洲為名止而止猶已並見於楚襄王登徒子曰夫玄洲天下之善釣者也願王觀焉王曰其善柰何登徒子對曰夫玄洲釣也以三尋之竿八絲之線餌若蛆螾鉤如細鍼鍼與針同以出三赤之魚於數仞之水中豈可謂無術乎夫玄洲芳水餌挂繳鉤其意不可

得退而牽行下觸清泥上則波颺玄洲因水勢而施之一作枝頡之頏之委縱收歛與魚沉浮及其解弛因而獲之襄王曰善宋玉進曰今察玄洲之釣未可謂能持竿也又烏足為大王言乎王曰子之所謂善釣者何玉曰臣所謂善釣者其竿非竹其綸非絲其鉤非鍼其餌非螾也王曰願遂聞之宋玉對曰昔堯舜禹湯之釣也以賢聖為竿道德為綸仁義為鉤祿利為餌四海為池萬民為魚釣道微矣非聖人其孰能察之王曰迅哉說乎其釣不可見也宋玉對曰其釣

易見王不可察爾昔殷湯以七十里周文以百里興利除害天下歸之其餌可謂芳矣南面而掌天下歷載數百到今不廢其綸可謂紉矣羣生寖其澤民氓畏其罰其鈎可謂抅矣(抅音的引也一本作善)功成而不隳名立而不改其竿可謂强矣若夫竿折(賢材廢棄)綸絶(道德陵遲)餌墜(爵賞不足以勸天下)鈎决(仁義不足以結人心)波涌魚失(天下潰亂人民離散失讀作佚)是則夏桀商紂不通夫鈎術也今察玄洲之鈎也左挾魚罶(罶盛魚之器也詩魚麗于罶)右執槁竿立乎潢汙之涯倚乎楊柳之間精不離乎魚喙思不出乎鯿鰱(二小魚名)

形容枯槁神色憔悴(楚詞漁父篇行吟澤畔顔色憔悴形容枯槁)樂不役勤獲不當費斯乃水濵之役夫也已君王又何稱焉王若見堯舜之洪竿(攬賢材以為用)攄禹湯之脩綸(昭道德以經世)投之於瀆視之於海(治國以平天下)漫漫羣生孰非吾有其爲大王之鈎不亦樂乎(史記楚人有好以弱弓微繳加歸鴈之上者襄王召而問之對曰小臣之射何足為大王道也昔者三王以弋道德五伯以弋戰國王何不以聖賢為弓以勇士為繳時張而弋之其樂非特朝夕之樂也其獲非特鳧鴈之實也云云意與此賦正相類)

舞賦

(呂氏春秋曰昔陰康氏之始陰多滯伏湛積陽道壅塞不行其序民氣鬱閼)

關筋骨宿栗不達故作為舞以宣導之陰康氏三皇時君號

楚襄王既遊雲夢雲夢澤解見上注將置酒宴飲謂宋
玉曰寡人欲觴羣臣何以娛之玉曰臣聞激楚
結風陽阿之舞列女傳聽激楚之遺風上林賦鄢郢繽紛激楚結風陽阿所謂
郢中寡和者三者皆楚曲也材人之窮觀窮極也天下之至妙
噫可進乎王曰試為寡人賦之玉曰唯唯爾乃
鄭女出進二八徐待舞以八人為一列二八十六人也左傳鄭人以女樂
二八賂晉侯楚詞二八齊容起鄭舞姣服極麗姁媮音吁俞驕媚貌致態
貌嫽妙以妖冶嫽好也詩狡人嫽兮音了紅顏曄其陽華詩顏
如舜華眉連娟以增繞曲細而長目流睇而橫波精采而瑩

珠翠灼爍以珠翠為飾灼爍鮮明貌而照曜兮華袿飛髾而
雜纖羅袿衣之長帶也髾謂燕尾之屬皆衣上假飾纖細也羅之精者髾所交反袿音
圭顧形影自整裝順微風揮若芳動朱唇紆清
揚眉目之間為清揚將歌則少斂詩清揚婉兮而抗音高歌為樂之
方宣歌曲之意其始興也若俯若仰若來若往雍容
惆悵不可為象羅衣從音縱風長袖交橫駱驛與駱
繹同飛散颯沓合并綽約閑靡機迅體輕合場遞
進案次而俟既分而合復更遞而進接曲之次以待埒簇角妙夸
容乃理埒齊簇聚也齊聚而競妙乃理其夸娉之容軼態橫出瑰姿
譎起迴身還入迫于急節還音旋曲將終則其節急舞趣曲之急節

紆形赴遠漼以摧折（漼七罪反）纖縠蛾飛繽猋若絶（衣裳飛動如蛾飛繽紛如猋起而逆絶猋猋疾風也）軆如遊龍袖如素蜺（神女賦婉若遊龍言其輕擧也大人賦垂絳旛之素蜺蜺雌虹也吾結反）遷延微笑退復次列（舞終復其舊列）觀者稱麗莫不怡悅（傅毅舞賦文選巳載全文唐人歐陽詢簡節其詞編之藝文類聚此篇是也後人好事者以前有楚襄宋王相唯諾之詞遂指為玉所作其實非也）

古文苑卷之二

古文苑卷之三

漢臣賦十二首

賈誼旱雲賦　董仲舒士不遇賦
枚乘梁王菟園賦　枚乘忘憂館柳賦
路喬如鶴賦　公孫乘月賦
羊勝屏風賦　劉安屏風賦
中山王文木賦　司馬相如美人賦
班婕妤擣素賦　曹大家鍼縷賦

旱雲賦

在易坎為水其蘊蒸而上升則為雲溶液而下施則為雨故乾之雲行雨施陰陽和暢也屯之密雲不雨陰陽不和也在人則君臣合德而澤加於民亦猶陰陽和暢而澤被於物賈誼負超世之才文帝將大用之乃為大臣絳灌等所阻卒棄不用而世不被其澤故托旱雲以寓其意焉

惟昊天之大旱兮失精和之正理爾雅夏曰昊天精純和合乃天地絪縕之常兮則反之所謂失其正理也遥望白雲之蓬勃兮滃澹澹而妄止雲興而不雨則雲為妄出矣運清濁之澒洞兮澒胡動反澒洞洶湧貌正重沓而並起嵬隆崇以崔巍兮時彷佛而有似屈卷輪而中天兮象虎驚與龍駭相搏據而俱興兮妄倚儷而時有遂積聚而給沓兮相紛薄而慷慨若飛翔之從橫兮揚波

怒而澎濞（楊侯大波神）正惟布而雷動兮相擊衝而
碎破或窈窕而四塞兮誠若雨而不墜（言白雲之狀變）
（態不常若將雨而雨終不降）陰陽分而不相得兮更惟貪邪
而狼戾（陰陽乖睽而不合在位者又爲貪邪狼戾之政以干之何以感召天地之和）
終風解而霰散兮陵遲而堵潰（毛氏詩注終日風爲終風雲爲
風解而消散如陵之墯隤如墻之傾）或深潛而閉藏兮爭離而並
逝（以雲自況寓意尤深）廓蕩蕩其若滌兮日熖熖而無穢
（鄭氏說禮引董仲舒曰食祝云熖熖大明音照）隆盛暑而無聊兮煎砂
石而爛渭（渭水枯竭至於焦爛）湯風至而含熱兮（湯風温風也月
令六節温風至）羣生悶滿而愁憒眣畝枯槁而失澤兮

壤石相聚而爲害（雨既不至壤石爲風日所暴皆能吸眣畆之滋潤以言菑）
農夫垂拱而無聊兮釋其鉏耨而下淚憂疆（一作
壤）畔之遇害兮痛皇天之靡惠惜稚稼之旱夭
兮離天災而不遂（離與罹同遭也）懷怨心而不能已兮
竊託咎於在位（書僭恒暘若京房易傳曰欲得不用茲謂張其旱陰雲不雨變
而赤因而除）獨不聞唐虞之積烈兮與三代之風氣
（唐虞三代之時雖不能無水旱君臣上下相與敬戒飭躬修政足以召天下之和）時俗
殊而不還兮恐功久而壞敗何操行之不得兮
政治失中而違節陰氣辟而留滯兮猒暴至而
沈沒嗟乎惜旱大劇何辜于天無恩澤忍兮嗇

夫何寡德矣（嘗夫田畯之神也祈年則樂田畯怨旱不救可謂薄德怨辭也）既
巳生之不與福矣來何暴也去何躁也孳孳望
之其（一作甚）可悼也憭兮慄兮以鬱怫兮念思白
雲膓如結兮終然不雨甚不仁兮布而不下甚
不信兮白雲何怨柰何人兮（天寔為之人其柰何）

士不遇賦　董仲舒

涑水司馬氏曰漢景帝時榮太子廢
其次河間獻王最長若屬重器帝王
之治可以復還仲舒醇儒道必遇合
景帝舍嫡立徹蓋天意也武帝好名
古實仲舒卒為公孫弘所嫉擯棄而
死何足深怪陶淵明作感士不遇賦
其序曰昔董仲舒作士不遇賦司馬
子長又為之余嘗讀其文慨然惆悵
君子合三子而評之子長文士
之靡耳尊顯富貴何謂不遇也

嗟乎嗟乎遐哉邈矣時來曷遲去之速矣屈意
從人非吾徒矣正身俟時將就木矣（雖於遇合將老而死）
（木棺也左傳則就木焉）悠悠偕時豈能覺矣心之憂歟不
期祿矣皇皇匪寧祗增辱矣努力觸藩徒摧角
矣（易大壯羝羊觸藩羸其角）不出戶庭庶無過矣（易節卦不出戶庭無
咎）重曰（前意未暢重述而鋪衍之故曰重）生不丁三代之盛隆
兮而丁三季之末俗以辨詐而期通兮貞士耿
介而自束雖日三省於吾身兮繇（繇與猶同）懷進退
之惟谷（詩桑柔人亦有言進退維谷毛氏注谷窮也）彼寔繁之有徒

兮指其白而爲黑目信嫮而言眇兮口信辨而
言訥 言變亂是非邪正嫮音玄好也楚詩嫮目宜笑眇目失明也曷眇能視辯辨二字古通用上同訥拙於言也 鬼神不能正人事之變戾兮聖賢
亦不能開愚夫之違惑出門則不可以偕往兮
藏器又嵬其不容 易出門同人又君子藏器於身待時而動嵬與嵬同 退
洗心而內訟兮亦未知其所從也 易洗心退藏論語而內自訟伸前意進退惟谷 觀上古之清濁 一作瞕 兮薦士亦煢煢
而靡歸 清濁猶言治亂也世雖有治亂之不同薦士常獨立而不遇 殷湯有
卞隨與務光兮周武有伯夷與叔齊卞隨務光
遁跡於深淵兮伯夷叔齊登山而采薇使彼聖

人其繇周遑兮矧舉世而同迷若伍員與屈原
兮固亦無所復顧 隨光非湯伐桀自沈于瀘水夷齊恥食周粟采薇首陽山下四子聖智生殷周盛時猶不遇若此況其他乎若子胥浮江屈原投汨尚何所復顧 亦
不能同彼數子兮將遠遊而終慕 今不能同數子之殺身將去國遠遊心常慕之 於吾儕之云遠兮疑 一作懼 荒塗而難
踐憚君子之于行兮誡三日而不飯 吾之儕輩乃謂古人既遠此道久荒懼不能踐戒其疾行易君子于行三日不食 嗟天下之偕違
兮悵無與之偕返孰若返身於素業兮莫隨世
而輪轉雖矯情而獲百利兮復不如正心而歸
一善 世之趍利者皆自謂當然故甘心為之使真知其為矯情則不肯為矣仲舒有言仁

人者正其誼不謀其利明其道不計其功蓋平日持論堅定若此紛既迫而後
動兮豈云稟性之惟褊昭同人而大有兮明讜
光而務展遵幽昧於默足兮豈舒采而蘄顯苟
肝膽之可同兮奚鬚鬢之足辨也索於形骸之內不求於形
骸之外

梁王菟園賦

梁孝王武漢文帝子景帝之同母弟也竇太后少子愛之賞賜不可勝道
孝王築東苑方三百里為複道自宮連屬於平臺二十餘里菟園苑名左
傳魯有菟裘衛有菟圃皆地名音徒

枚乘字叔淮陰人也從孝王游梁客皆善屬辭賦乘尤高

脩竹檀欒夾池水西京雜記梁孝王築菟園園中有百靈山落猨岩棲龍岫
又有鴈池池間有鶴洲鳧渚九域志睢陽郡有梁孝王東苑中有脩竹園恐是後人因此賦以
命名旋菟園並馳道所謂複道自宮連屬平臺並音傍蒲浪反臨廣衍
長冗坂故徑一作正於崑崙貇觀相物貇音墾貇觀猶博觀
也班固燕然銘負其貇兮與此貇同意芴焉子有滋有言物之多子當作滋漢人
以箕子之明夷為荄滋則滋子字通似乎西山依山置園故指西山比崑崙言舊嘗
經行崑崙之山睹物蕃盛西山隑隑卹一作卲焉隗隗巷路委
嵾隑王來反隑隑企立貌隗即嵬字吾回反隗隗高峻貌巷路即巷路字山間之蹊徑也崣
移即委蛇字徑之曲折也崟巖嶈嵷巍崍焉崟音岑嶈疑是龍字嵷即空反
崍音聾巃嵷巍崍皆山之險怪狀暴熛激熛與焱同音標月令焱風暴雨忽至注回

（風回猋）揚塵扷蛇龍奏林薄竹（奏奔走也詩曰予有奔走薄音泊林薄叢薄也猋風卒發塵埃隱藹有若龍蛇之奔走者徐而察之則林薄之竹也）遊風踊焉秋風揚焉滿庶庶焉紛紛紜紜騰踊雲亂枝葉翬散摩來幡幡焉（幡與番同音波尔雅番番矯矯勇也暴標既息微風遊旋林木拂拂其狀不齊）谿谷沙石洄波沸日溪浸疾東（溪谷之水疾趨而東溪流水也浸水所豬也字本作浸）流連焉轔轔陰發緒菲菲（既至下行復流連焉徐行轔轔其紋菲菲）闇闇讙擾（鳥声之雜）昆雞蝭蛙（音題決一音弟桂字本作題鴂或作鶗鴂子規鳥也）倉庚密切（亦鳥名）別鳥相隨哀鳴其中（家語恒山之鳥與四子別其鳴甚哀）若乃附巢蹇鷙之傳於列樹也欐欐若飛雪之重弗麗也（附巢蹇鷙皆水鳥鷗鷺之屬欐麗所宜切欐欐多貌鳥色白若飛雪集樹而弗麗着麗是附麗之麗）西望西山鵲野鳩（一作雛）白鷺鶻桐鸇鶚鵽鵰翡翠鳴鵠守狗戴勝（皆鳥名守狗声似呼盧戴勝降于桑以為蚕候）巢枝穴藏（鳴鵠穴土而生春秋書鳴鵠來巢紀異也）被塘臨谷聲音相聞啄尾離屬翱翔羣熙交頸接翼闟而未至徐飛狖獝（音颭沓）往來霞水（闟低飛也言往来煙霞水雲之間）離散而沒合疾疾紛紛若塵埃之間白雲也子之幽冥究之乎無端於是晚春早夏邯鄲褭國易陽之容麗人（三縣皆屬趙國易陽在易水之陽其地多美女）及其燕飾子（燕安而華飾謂富貴子）相予雜遝而往欵焉車馬接

軫相屬方輪錯轂（方輪並車錯轂、雜行也）接服何驂披銜跡蹶（馬在車中為服在車外為驂詩兩服上襄兩驂鴈行何驂謂何人之驂忽披銜而跡蹶）自奮增絕怵惕騰躍水意而未發因更陰逐心相秩奔（一作奮又奪）隧林臨河怒氣未竭（馬蹶而奮徑林奔水猶有怒氣）羽蓋繇起被以紅沫濛濛若雨委雪（含車馬而步游因用羽蓋紅沫蓋上飾濛濛紛雜）高冠扁焉長劍閒焉左挾彈焉右執鞭焉日移樂襄遊觀西園之芝芝成宮闕（東西苑相屬合為菟園有芝層生疊出如宮闕之狀）枝葉榮茂選擇純熟挈取含苴（苴與咀通擇芝之軟脆者以自含苴）復取其次顧賜從者於是從容安步鬬雞走兎俛仰釣射

煎熬炮炙極樂到暮若乃夫郊（猶農郊也）采桑之婦人兮桂裼錯紆連袖方路摩馳長髲（馳音移膏澤也長音伏髲即髮字謂加髢為高髻也）便娟數顧芳温往來接（此句疑多來字）神連未結已諾不分（所謂色授神予者）縹併進靖僨笑連便（僨音頓與顰同罥小慼也或僨或笑姿態便媚）不可忍視也於是婦人先稱曰春陽生兮萋萋不才子兮心哀（不材子泄語也猶言不接男子）見嘉客兮不能歸桑萋蠶飢中人望奈何（乘有上書諫吳王濞通亮正直非詞人比是時梁王宮室踰制出入警蹕使乘異為此賦以有以規警之詳觀其詞始言苑囿之廣中言林木禽鳥之富繼以士女游觀之樂而終之以郊上採桑之婦人畧無一語及王[illegible]家蕭索蓋王薨乘死後其子皐所為隨所睹而[illegible]）

筆之史言皐詼笑類俳倡為賦疾而不工後人傳寫誤以為乘耳

忘憂館柳賦　枚乘

梁孝王遊於忘憂之館集諸遊士各使為賦枚乘柳賦路喬如鶴賦公孫詭文鹿賦鄒陽酒賦公孫乘月賦羊勝屏風賦韓安國作几賦不成鄒陽代作鄒陽安國罰酒三升賜枚乘路喬如絹人五疋（出葛洪西京雜記）

忘憂之館垂條之木枝逶遲而含紫葉萋萋而吐綠出入風雲去來羽族既上下而好音亦黃衣而絳足（黃鸝亦名黃鶯）蜩螗厲嚮蜘蛛吐絲階草漠漠白日遲遲于嗟細柳流亂輕絲君王淵穆其度御羣英而翫之小臣瞽聵與此陳詞（君王指梁王羣英謂諸遊士乘自稱無所聞見獲與其間與音預）于嗟樂兮（詩鄭氏箋于嗟美之也）於是罇盈縹玉之酒（縹數沼反縹玉酒色清白而輕黃也）爵獻金漿之醪（洪自注梁人作諸蔗酒名金漿）庶羞千族盈滿六庖（詩大庖不盈注一曰乾豆二曰賓客三曰充君之庖又有面傷踐毛不成禽不獻者三故云六庖）弱絲清管與風霜而共雕鎗鍠啾唧蕭條寂寥（管絃音樂屏棄不用如風霜之雕柳鎗鍠大音啾唧小音並寂然無聞）雋乂英旄（與髦通）列襟聯袍小臣莫效於鴻毛空銜鮮而嗽醪雖復河清海竭終無增景於邊撩（自言非才莫知補報徒竊飲食縱使歷日滋久無益於國邊撩柳之

（邊精也借諭言細微之事）

鶴賦　路喬如

白鳥朱冠，鼓翼池干，舉脩距而躍躍，奮皓翅之䎖䎖（於干反飛動貌）。宛脩頸而顧步，啄沙磧而相懽。豈忘赤霄之上，忽池籞而盤桓（籞音圉臨池編竹爲之）。飲清流而不舉，食稻粱而未安（鶴在池籞間志常欲高飛遠舉不甘稻粱之食猶賢士不爲祿養委身）。故知野禽野性未脫籠樊，賴吾王之廣愛，雖禽鳥兮抱恩，方騰驤而鳴舞，憑朱檻而爲歡。

月賦　公孫乘

月出皦兮，君子之光（以月之明比君子之德）。鵾雞舞於蘭渚，蟋蟀鳴於西堂（物遂其性天機自動天籟自鳴）。君有禮樂，我有衣裳（梁王宴樂羣士衆賓從梁王遊各由其道不愆禮度）。猗嗟明月，當心而出，隱員巖而似鉤，蔽脩堞而分鏡（譬君德進蔽則其明必虧）。既少進以增輝，遂臨庭而高映。炎日匪明，皓璧非淨（能進乎德其明乃全）。躔度運行，陰陽以正（行度有常而寒暑不忒言行靡失而紀綱自定）。文林辯囿，小臣不佞（於羣英之中因月進言自愧非材佞口辯也論語仁而不佞）。

屏風賦　羊勝

（周禮掌次設皇羽邸注皇羽覆上邸後版也後版屏風）

屏風韐匝 韐古洽反韐 匝圍繞貌 蔽我君王重葩累繡沓

壁連璋飾以文錦映以流黃 流黃間色素也古 相逢行大婦織綺 羅中婦 織流黃 畫以古烈顒顒昂昂 繪古賢烈士於上 共威儀容貌端重 高峙詩顒顒昂 昂如圭如璋 藩后宜之壽考無疆 藩后謂諸 侯王居藩 屏之任與上君 王皆指梁王也

屏風賦

劉安 淮南厲王之子文 帝封為淮南王

因木有自然奇怪之形連合為屏 風譬世有遺棄之林遭時見用

維茲屏風出自幽谷根深枝茂號為喬木孤生陋弱畏金強族 木孤生之時其姿陋弱以 能避斧斤之害故至高大 移根易土委伏溝瀆飄颻殆危靡安措足思在蓬蒿

林有樸樕然常無緣悲愁酸毒天啟我心遭遇徵祿 徵祿猶收錄也 祿音義與錄同 中郎繕理收拾捐朴 朴與 樸同 木質也棄捐溝壑人所不顧中郎 淮南之臣乃收錄之以成器用 大匠攻之刻彫削斵表雖裂剥心貿貞懿 猶用人當略其 外貌取其中心 等化器類庇蔭尊屋列在左右近君頭足賴蒙成濟其恩弘篤何恩施遇分好沾渥不逢仁人 安 自 謂及中 郎也 永為枯木

文木賦

中山王

魯恭王得文木一枚伐以為器意甚玩之中山王為賦恭王大悦顧眄而笑賜駿馬二匹 見葛 洪西

京雜記按史魯共王餘漢景帝子好治宮室中山王勝乃其弟也 麗木離披生
彼高崖拂天河而布葉橫日路而擢枝幼雛羸
鷇單雄寡雌紛紜翔集嘈嗷鳴啼載重雪而梢
勁風將等歲於二儀二儀乾坤也言木歷歲滋久與於衆材巧匠
不識王子見知乃命班爾載斧伐斯班輸王爾古之巧匠
斯斫也詩斧以斯之隱若天開豁如地裂花葉分披條枝
摧折既剝既刊見其文章或如龍盤虎踞復似
鸞集鳳翔青緺紫綬環璧珪璋重山累嶂連波
疊浪奔電屯雲薄霧濃雰麏宗驥旅雞族雉羣
蠋繡鴦錦蓮藻芰文皆言木之奇怪狀類文色比金而有

裕質參玉而無分木材堅實裁為用器曲直舒卷脩
竹映池高松植巘枝幹巨細長短曲直隨所用各有所宜制為樂
器婉轉蟠紆鳳將九子龍導五駒伶倫制十二筩以應鳳鳴
丘仲截竹吹之象水中龍吟將子導駒古詩音頗雜自然清亮制為屏風鬱茀
穹窿制為杖几極麗窮美制為枕案文章璀璨
彪炳渙汗制為盤盂采玩蜘蛛猗歟君子其樂
只且

美人賦 司馬相如

字長卿蜀郡臨邛人前漢書有傳

美人者相如自謂也詩人騷客所稱美人蓋以才德為美相如乃托其容
體之都冶以自媚於世鄙矣

司馬相如美麗閑都（本傳雍容閒雅甚都詩洵美且都）遊於梁王（梁孝王武也相如為郎會景帝不好辭賦孝王來朝齊人鄒陽淮陰枚乘之徒相如見而悅之因病免客遊梁按文多王字）梁王悅之鄒陽譖之於王曰相如美則美矣然服色容冶妖（一作姣）麗不忠將欲媚辭取悅遊王後宮王不察之乎王問相如曰子好色乎相如曰臣不好色也王曰子不好色何若孔墨乎（仲尼墨翟古之大聖賢故舉以為問）相如曰古之避色孔墨之徒聞齊饋女而遐逝（齊人饋女樂孔子行）望朝歌而迴車（邑名朝歌墨子回車）譬於防火水中避溺山隅此乃未見其可欲（老子不見可欲使心不亂）何以明不好色乎若臣者少長西土（相如臨邛人西蜀也）鰥處獨居室宇遼廓莫與為娛臣之東鄰有一女子雲髮豐艷蛾眉皓齒（詩鬒髮如雲又螓首蛾眉齒如瓠犀）顏盛色茂景曜光起恒翹翹而西（一作相）顧欲留臣而共止登垣而望臣三年有茲矣臣棄而不許竊慕大王之高義命駕東來（一作而東）途出鄭衛道由桑中朝發溱洧暮宿上宮（溱洧二水桑中上宮皆淫冶之地見鄭衛詩）上（一作離）宮閒館寂寞雲虛門閤（一作閒）晝掩曖（一作煥）若神居臣排其戶而造其堂（一作室）芳香芬烈黼（黺）帳高張有女獨處婉然在床奇葩逸麗淑（一作素）質艷

光覩臣遷延微笑而言曰上客何國之公子所從來無乃遠乎遂設旨酒進鳴琴臣遂撫絃為幽蘭白雪之曲解見諷賦女乃歌曰獨處室兮廓無依思佳人兮情傷悲思所偶也詩女心傷悲有美人兮來何遲日既暮兮華色衰敢託身兮長自私玉釵挂臣冠羅袖拂臣衣時日西夕玄陰晦冥流風慘冽素雪飄零閑房寂謐不聞人聲於是寢具既設服玩珍奇金鉔薰香鉔音匝香毬袵席間可旋轉者西京雜記長安巧工丁緩作被中香爐為機環轉運四周而爐體常平黼帳低垂裀褥重陳角枕橫施詩角枕粲兮錦衾爛兮女乃弛其上服表其褻衣皓體呈露弱骨豐肌時來親臣柔滑如脂臣乃氣服一作脉定於內心正于懷信誓且旦秉志不回翻然高舉與彼長辭西京雜記云文君眉色如望遠山臉際常若芙蓉肌膚如脂長卿素有消渴疾作美人賦欲自刺卒以此疾死文君為誄傳於世慾心一識莫克自制至於隤行喪軀可不戒哉

擣素賦　班婕妤

班婕妤班彪之姑也為成帝婕妤漢後宮十四等婕妤視上卿三夫人之位也古者后夫人親蠶分繭繅絲朱綠之玄黃之以備君之祭服君服之以事天地祖宗敬之至也成帝耽於酒色政事廢弛婕妤貞靜而失職故托擣素以見意

測平分以知歲（陰陽中分以知時序）酌玉衡之初臨（玉衡斗杓以正四時八月西門）[illegible]禽華以麃色聽霜鶴之傳音（禽華菊也季秋之月鴻鴈來賓後菊有黃華又有一種花名鴈來紅狀類雞冠秋深時莖葉俱紅霜降[illegible]鶴声清麃悲驕多數也）佇風軒而結睇對愁雲之浮沈（[illegible]雄）松梧之貞脆豈榮彫其異心（秋月景色淒清物性雖不同其感特則一也）若乃廣儲懸月（儲猶除謂庭除之間）暉水流清桂露朝滿涼衿夕輕燕姜含蘭而未吐（姬姜本齊魯之姓後世以為婦人美號或互稱之）趙女抽簧而絕聲（声音未暇有事女工）改容飾而相命卷霜帛而下庭曳羅裙之綺靡振珠珮之精明若乃盼睞生姿動容多製弱態含羞

妖風靡麗皎若明魄之升崖煥若荷華之昭晰（明魄月也神女賦其少進也皎若明月舒其光荷華芙蕖也詩隰有荷華不見子都晰音制）調鉛無以玉其貌凝朱不能異其脣勝雲霞之邇日似桃李之向春紅黛相媚綺組流光笑笑移妍步步生芳兩靨如點雙眉如張頹肌柔液音性閑良（頹謂驕怠液汁也）於是投香杵扣玟砧擇鸞聲爭鳳音梧因（一作松）虛而調遠桂由（一作石）貞而響沈（梧桐琴瑟之質柱鴈柱也以喻砧杵）散繁輕而浮捷節疎亮而清深（琴譜有散若廣陵散之類節曲之更端）含笙總筑比玉兼金不塤不篪匪瑟匪琴（八者皆樂音玉球或磬金鑮鐃之類[illegible]）

環而紆鬱或相參而不雜或將往而中還或已離而復合翔鴻爲之徘徊落英爲之颯沓調非常律聲無定本（柎音自然非若琴瑟笙笛之有定也）任落手之參差從風颻之遠近或連躍而更投或暫舒而長卷清寡鸞之命羣哀離鶴之歸晩（擣素之声低昂分合自中音調比孤鸞別鶴之曲尤更清哀也）苟是時也鍾期改聽伯牙弛琴（伯牙善鼓琴鍾子期善聽至比子期改聽伯牙之琴可廢）桑間絶響濮上傳（一作停）音（淫蕩之声可絶鬼神之音可寫濮上事見史記樂書）蕭史編管以擬吹周王調笙以象吟（蕭史秦繆公時人能吹簫作鳳鳴王子晉吹笙和之乘鸞而遊）與若乃窈窕姝妙之年幽閑貞專（一作靜專）之性符皎日之心（大車詩謂予不信有如皎日）甘首疾之病（伯兮詩願言思伯甘心首疾伯君子字也）歌采綠之章（采綠詩剌怨曠言君子于役久而不帰室人思之）發東山之詠（東山詩言室家之望汝其詩曰制彼衣裳勿士行枚）望明月而撫心對秋風而掩鏡（婦人夫不在則不容飾）閱絞練之初成擇玄黃之妙匹（一作逸閱素練之質擇顏色所宜而染之）準華裁於昔時疑形異於今日（欲準昔日所裁以製衣裳則疑其形体有肥瘠言久别也謝惠連擣衣詩腰帶准疇昔不知今是非）想嬌奢之或至許椒蘭之多術薰陋製之無韻慮蛾眉之爲愧（思其或至於驕侈以椒蘭芬香之物多術以薰之猶恐其無韻態倚側之蛾眉或以為愧）懷百憂之盈抱空千里兮飲淚修長

袖於妍袂綴半月於闌襟表纖手於微縫庶見跡而知心（袂亦襟也袖猶言就袂猶言夫綴半月望其圓也以此表其親手所製庶君子見而知心）計修路之遐敻怨芳菲之易泄（一作絕）書既封而重題笥已緘而更結（笥貯衣裳也）慙行客而無言還空房而掩咽（欲寄行客以達此心復以為嫌而不敢可謂謹乎情止乎禮義矣）

鍼縷賦

曹大家

（曹大家班姓名昭班孟堅女弟適曹氏和帝數召入宮令皇后諸貴人師事焉號曰大家見後漢列女傳）

鎔秋金之剛精形微妙而直端性通遠而漸進

博庶物而一貫惟鍼縷之列迹信廣博而無原退逶迤以補過似素絲之羔羊（羔羊詩羔羊之縫素絲五緎逶迤逶迤退食自公）何斗筲之足筭咸勒石而升堂（筲竹器言斗筲成石鍼縷成衣皆由積累論語斗筲之人何足筭也淮南子升之不能大於石也升在石之中先針而後縷可以成帷先縷而後針不可以成衣針成幕蔂成城事之成敗必由小生言有漸也）

古文苑卷之三